AF228979

Husky siberiano

Grace Hansen

PERROS

Abdo Kids

Abdo Kids Jumbo es una subdivisión de Abdo Kids
abdobooks.com

abdobooks.com

Published by Abdo Kids, a division of ABDO, P.O. Box 398166, Minneapolis, Minnesota 55439.
Copyright © 2025 by Abdo Consulting Group, Inc. International copyrights reserved in all countries.
No part of this book may be reproduced in any form without written permission from the publisher.
Abdo Kids Jumbo™ is a trademark and logo of Abdo Kids.

Printed in China

052024

092024

THIS BOOK CONTAINS
RECYCLED MATERIALS

Spanish Translator: Maria Puchol

Photo Credits: iStock, Shutterstock, Thinkstock, ©Andrea Reis Photography p.5

Production Contributors: Teddy Borth, Jennie Forsberg, Grace Hansen
Design Contributors: Dorothy Toth, Pakou Moua

Library of Congress Control Number: 2023950272
Publisher's Cataloging-in-Publication Data

Names: Hansen, Grace, author.

Title: Husky siberiano/ by Grace Hansen

Other title: Siberian huskies. Spanish

Description: Minneapolis, Minnesota: Abdo Kids, 2025. | Series: Perros | Includes online resources and
    index

Identifiers: ISBN 9798384902119 (lib.bdg.) | ISBN 9798384902676 (ebook)

Subjects: LCSH: Siberian husky--Juvenile literature. | Working dogs--Juvenile literature. | Dogs--Juvenile
    literature. | Animal behavior--Juvenile literature. | Spanish language materials--Juvenile literature.

Classification: DDC 599.772--dc23

Contenido

Los huskies siberianos

Los huskies siberianos son tan sociables como leales.

Los **antepasados** de los huskies **se criaron** en Asia con el pueblo indígena de los **Chukchi**. Este pueblo los consideraba miembros de la familia y los tenían por ser perros fuertes para el trineo.

Los **Chukchi** eran un pueblo casi **nómada**. Se desplazaban de un lugar a otro, especialmente para cazar. Necesitaban un tipo de perro que pudiera transportar cargas pesadas a temperaturas muy bajas.

Los huskies siberianos, tan queridos hoy en día, provienen de esos perros. A principios del siglo XX, los grupos de huskies ganaban todas las carreras de trineos, por eso entonces la gente empezó a fijarse en ellos.

Los huskies siberianos son perros de trabajo de tamaño mediano. Se les conoce por su lindo pelaje y sus llamativos ojos.

Tienen las orejas paradas. Los

ojos pueden ser azules o color

café, incluso pueden tener cada

ojo de un color diferente.

Cuidados

Los huskies son por naturaleza limpios. Sólo necesitan un baño cada tres meses. Para mantener su pelaje sano hay que cepillarlos con frecuencia.

Ejercicio

Estos perros son atléticos y tienen mucha energía. Es fundamental que hagan mucho ejercicio. Nacidos para correr, son felices saliendo con sus dueños.

Personalidad

Son animales de manada por naturaleza, adoran a su familia y a otras mascotas. ¡Son un excelente miembro para cualquier familia!

Más datos

- La forma almendrada de los ojos de los huskies les permite entrecerrarlos para que no les moleste la nieve al correr. Su doble y grueso pelaje los mantiene calientes.

- La historia los tiene como héroes. En 1925, unos niños muy enfermos en Nome, Alaska, necesitaban medicina de muy lejos. Se decidió llevar la medicina hasta allí con trineos tirados por perros.

- Dos de los huskies más famosos de esa carrera por salvar vidas fueron Balto y Togo. Balto es más conocido, corrió las últimas 55 millas (89 km) hasta Nome. Aunque Togo y el resto del equipo corrieron lo más peligroso del viaje. El *musher* de Togo dijo: "Nunca he tenido un perro mejor que Togo".

Glosario

antepasado – uno anterior del que se desciende.

Chukchi – pueblo indígena que habita al extremo nordeste de Siberia en Rusia.

criar – originado con un fin determinado.

leal – mostrar devoción y confianza a alguien.

musher – quien guía a un equipo de perros.

nómada – vivir con un grupo o tribu que se mueve de un sitio a otro.

Índice

Abdo Kids ONLINE

FREE! ONLINE MULTIMEDIA RESOURCES

¡Visita nuestra página **abdokids.com** para tener acceso a juegos, manualidades, videos y mucho más!

Los recursos de internet están en inglés.